LITH. J. MARTIN, A AIX.
DÉPOSÉ.

LES MARTYRS DE PARIS

Par Eugène BELUZE.

Deuxième Édition
CONSIDÉRABLEMENT AUGMENTÉE.

Sicut oves occisionis
Ps. 43e.

Allons mes amis !... pour le Bon Dieu !

(Paroles du R. P. Captier, blessé
à mort).

PARIS
CH. DOUNIOL, 29, RUE DE TOURNON.

AIX   MARSEILLE
Chez tous les Libraires. | Ve Chauffard, r. des Feuillants

1871

A LA MÉMOIRE

DE

MONSEIGNEUR GEORGES DARBOY

ARCHEVÊQUE DE PARIS

* * * * * * * * * * *

Président d'honneur du Cercle Catholique du Luxembourg,

ET DES GLORIEUX COMPAGNONS

DE SON MARTYRE,

Hommage pieux.

———◦———

IMPRIMERIE J. NICOT, COURS 55, AIX.

LES MARTYRS

DE PARIS.

Sicut oves occisionis.
Ps. 43e.

Allons mes amis !... pour le Bon Dieu !

(Paroles du R. P. Captier, blessé
à mort).

Au lendemain de ce drame lugubre, que l'histoire stigmatisera du nom de *Massacres de Mai*, comme elle a déjà marqué de son fer rouge *les Massacres de Septembre*, c'est à peine si nous avons la force de recueillir nos idées et de tracer ces lignes.

Cependant, voulant obéir à l'expression d'un désir qui pour nous est un ordre, nous allons essayer de surmonter notre douleur et de retracer à travers nos larmes ce que nous savons des nobles victimes, immolées ces derniers jours, par les sicaires de la Commune de Paris.

Il faut remonter à l'assassinat des généraux

Lecomte et Clément Thomas pour trouver le prologue de cette tragédie.

De la poitrine de ces braves s'échappèrent, en effet, les premiers flots de ce fleuve de sang dans lequel les misérables bandits, qui, pendant plus de deux mois, ont eu l'insolente fortune de courber sous leur joug la capitale de la France, se sont fait comme une joie féroce de tremper leurs mains.

Mais notre but n'est pas de raconter ce premier drame ; nous passerons de suite au récit des derniers événements.

C'est au commencement du mois d'avril que les membres de la Commune réalisèrent pour la première fois l'infernal projet d'arrêter des otages.

Prévoyant leur défaite, ils voulaient se ménager ainsi le moyen de faire avec le gouvernement de Versailles des échanges de prisonniers, ou tout au moins, la faculté d'assouvir leur vengeance dans le cas où l'armée victorieuse parviendrait à franchir les murs de Paris.

Les bandes *fédérées* se jetèrent tout d'abord sur le palais de l'Archevêché, s'emparant avec la plus odieuse brutalité de la personne de Mgr Darboy, et emmenant avec lui deux de ses grands vicaires, Mgr Surat et M. l'abbé Bayle, ainsi que son secrétaire général, M. Petit.

Quelques jours après, la plupart des couvents et des presbytères étaient pareillement envahis, et bon nombre de religieux et de prêtres devenaient les prisonniers des bandits *communeux*. (1)

A la maison des Jésuites de la rue de Sèvres, on s'empara des PP. Olivaint, Caubert, de Bengy et Bazin ; à celle de la rue des Postes, des PP. Ducoudray et Clerc; au séminaire des Missions Étrangères, de M. l'abbé Guérin : à celui de Saint-Sulpice du pieux directeur de la maison, M. Icard, de M. Roussel, de quelques autres de leurs confrères et de plusieurs séminaristes, au nombre desquels le jeune abbé Seigneret, fils du principal du collége de Lons-le-Saulnier; en pleine rue,

------

(1) Pour plusieurs de ces prisonniers l'incarcération ne fut heureusement pas de longue durée. On sait par exemple, que les dames de la halle réclamèrent courageusement la mise en liberté de leur curé, M. l'abbé Simon, et qu'elles purent, le jour même de Pâques, dans l'église de Saint-Eustache, faire à leur digne pasteur une touchante ovation.

de deux vénérés missionnaires de la Chine, MM. Perny et Houillon.

Enfin dans une maison de patronage du quartier de Charonne, on trouva bon de capturer également un pauvre prêtre, M. l'abbé Planchat, que depuis longues années nous avions appris à vénérer comme un saint.

Nous savons aussi que beaucoup d'autres ecclésiastiques, parmi lesquels M. Bécourt curé de N.-D.-de-Bonne-Nouvelle et M. Blondeau curé de Plaisance, ainsi que quelques frères des Écoles Chrétiennes, ceux-là, sans doute, dont la conduite, comme *ambulanciers* sur nos champs de bataille, avait fait l'admiration de la France et de l'Europe, furent vers le même temps emmenés prisonniers; mais les détails sur leur arrestation nous manquent et nous ignorons, quant à présent, jusqu'au nom de ces saintes victimes de la férocité des *communeux*.

Ajoutons, pour compléter ce sinistre tableau, qu'à ces hommes de Dieu furent réunis dès les premiers jours plusieurs otages civils et militaires, entre autres l'un de nos plus éminents magistrats de la cour suprême, M. le président Bonjean, un publiciste de talent, M. Gustave Chaudey, père de famille de deux enfants, le trop fameux banquier Jecker, M. Eyrard, sergent-major au 106me bataillon de la Garde nationale qui, si nous ne nous trompons, contribua vaillamment à étouffer l'insurrection dans la funeste journée du 31 octobre; plus de cent cinquante braves soldats appartenant au corps de la gendarmerie ou à des régiment de ligne, et enfin une foule de garde nationaux dits *réfractaires* qui avaient préféré l'incarcération et peut-être la mort, au deshonneur et à la trahison, en refusant de se battre contre l'armée versaillaise.

Les bornes de cette notice ne nous permettent pas de retracer en détail les circonstances dans lesquelles s'opérèrent ces diverses arrestations. Pour en apprécier le caractère toujours brutal, et souvent féroce, il faut lire l'intéressante relation que vient de publier sous ce titre : *Journal de ma captivité* M. l'abbé Perny (voir les numéros de l'*Univers* des 6, 7, 8, 9, 10 juin, et suivants).

Ab uno disce omnes.

Arrêté sur la place du Panthéon par quelques gardes nationaux avinés, comme le chef

qui les dirige s'avance, le révolver au poing :
« J'ai vu vingt fois la mort d'aussi près, dit
sans s'émouvoir le saint missionnaire, et vos
menaces ne me font pas peur. »..... Mais
l'ignoble foule le saisit et l'entraîne en voci-
férant ces paroles : « Oui, oui, maintenant
nous allons en finir avec toi..,.. Il faut qu'on
te coupe à morceaux !..... »

L'infortuné abbé Allard a raconté pareillement qu'au moment où l'on s'empara de
lui, l'exaspération de la foule était si grande
qu'il s'attendait à être massacré sur place, et,
cependant, le jour même de son arrestation,
il venait de passer plusieurs heures à soigner
les blessés de la Commune et à prodiguer les
secours de son ministère à tous ceux qui les
réclamaient.

Quant aux traitements subis par nos martyrs durant leur incarcération, ils ne furent pas
moins odieux.

Soumis au régime des prisonniers ordinai-
res, les otages ne purent obtenir aucun adou-
cissement. Souvent même ils manquaient
du nécessaire, et l'abbé Perny raconte avec
enjouement (1) comment parfois, il était

____

(1) *Journal de ma captivité.*

obligé « de serrer d'un cran son pantalon chinois pour imposer silence aux borborismes que la faim faisait courir dans ses entrailles. »

Le logement du moins valait-il mieux que la nourriture? On peut en juger par la description pittoresque mais fidèle que nous empruntons encore au journal de M. Perny.

« Ma cellule, dit-il, semble être de 2^m 60 de largeur sur le double de longueur; une fenêtre élevée et petite laisse entrer un jour suffisant. Un petit lit de fer est fixé à la muraille. L'usage des draps serait de luxe ici. Une petite crédence en bois dur d'environ 50 à 60 centimètres carrés, également fixée à la muraille et pouvant s'abattre à volonté, tient lieu de table. Le tabouret demeure fixé à la paroi du mur par une grosse chaine de fer. Voilà un bidon qui ne ressemble pas mal à un arrosoir de jardin..... Que dites-vous de cette terrine en poterie comme on en trouve aux îles Sandwich? Il nous a fallu un moment de réflexion pour deviner que c'était une cuvette pour se laver. La chose serait facile, mais nous sommes sans linge. Ce qui nous a jeté aussi dans le ravissement, c'est ce morceau informe de bois blanc qui sert au pauvre prisonnier, tout à la fois, de cuiller, de fourchette et de couteau..... L'ameublement de la cellule se complète par deux petits balais, l'un en bouleau, l'autre en chiendent, dont on se sert pour la propreté de la demeure. Enfin, la politesse française interdit de nommer cette espèce de siége fort ingénieux, qui fait l'angle du coin droit et qui, vous le pensez bien, n'est point du tout un siége étrusque. »

Les otages, d'abord conduits à la Conciergerie, furent bientôt répartis dans différentes prisons ; mais on assigna pour résidence au groupe le plus nombreux la prison de Mazas.

Le départ eut lieu dans des voitures cellulaires.

« Ma plus grande humiliation durant toute cette captivité, nous dit encore M. l'abbé Perny, fut de me voir dans cette voiture.

« Chacun de nous y fut enfermé à clef dans une case si étroite qu'on ne pouvait s'y mouvoir.

« L'air faisait défaut, on y éprouvait par conséquent un malaise très-pénible. Un prêtre du clergé de Saint-Antoine, d'une taille élevée et d'un certain embonpoint, perdit à peu près connaissance, aussitôt qu'il y fut entré : « De l'air ! de l'air ! » criait-on de tous côtés en frappant contre les portes. — « On va vous en donner ; » mais on ne venait pas. — « Je meurs ! de grâce, je vous en supplie, « criait d'une voix entrecoupée de sanglots le « bon prêtre de Saint-Antoine, un peu d'air ou « je me meurs ! » — « J'enfonce le vasistas si vous ne venez pas, criaient d'autres détenus. » « On y va ! on y va ! » répondait-on du dehors, mais l'on ne s'empressait guère. — Les larmes me coulèrent alors des yeux, en voyant les souffrances de mes compagnons et l'inhumanité de nos bourreaux. On nous laissa plus de vingt minutes dans ce douloureux état. Le tumulte était au comble. Enfin la voiture s'ébranla, mais l'air désiré ne vint pas, et le trajet parut long, bien long. Deux ou trois fois nous fîmes halte pendant quelques minutes, je ne sais pourquoi. Enfin on arriva à Mazas (1). »

Mais Mazas ne devait pas être la dernière station de ce sanglant calvaire.

En effet dans la journée du 22 mai, comme

---

(1) *Journal de ma captivité.*

l'armée assiégeante occupait déjà la moitié de Paris, les prisonniers furent transférés à la maison de La Roquette où d'ordinaire sont enfermés les condamnés à mort, funeste présage, hélas, du sort qui les attendait !

Le transfert s'opéra, cette fois, au moyen de voitures de déménagements, dites *tapissières*. Lorsqu'on y eut installé les prisonniers, on les fit stationner pendant plus d'une heure dans la cour. « Au dehors, la foule était immense et impatiente. Elle savait qu'on allait conduire le clergé à la Roquette. Elle frappait avec violence à la porte, menaçant de l'enfoncer si on ne l'ouvrait pas. A la vue de cette foule d'enfants, de femmes du peuple, d'hommes en blouse à la figure sauvage , exaspérés, poussant des cris de joie féroces, j'éprouvai peut-être, nous dit M. Perny, la plus pénible impression de toute ma vie. Ce flot populaire grossissant de minute en minute accompagnait les voitures. Les injures les plus basses, les vociférations les plus éhontées sortaient à la fois de toutes ces bouches *hideuses à voir*. Jamais, non jamais, on ne saurait imaginer quelque chose d'aussi épouvantable ; je croyais voir une légion de démons acharnés à notre suite.

« Mgr l'archevêque baissait les yeux.

« Une fois ou deux, M. le curé de la Madeleine dit au prélat : Vous entendez, Monseigneur ? L'archevêque garda le silence.

« Arrêtez ! arrêtez, à quoi bon aller plus « loin ! criait la plèbe en furie, à bas les « calotins ! Qu'on les coupe à morceaux ici. « N'allez pas plus loin. A bas ! à bas ! »

« Vous eussiez dit une troupe de tigres altérés de sang ! (1) ».

C'est au milieu de cette tempête populaire que le cortége des prisonniers sortit de Mazas. Une demi-heure après, vers huit heures du soir, la lourde porte de la Roquette se refermait sur eux.

Nous sommes au lundi 22 mai.

Mgr l'archevêque fut placé dans la cellule nº 23, qui servait auparavant de cabinet à un surveillant. Cette cellule un peu plus spacieuse que les autres, n'était pas moins pauvrement meublée avant qu'on y eût apporté, vers le soir, une chaise de paille et une méchante table.

____

(1) *Journal de ma captivité.*

Cependant une grande consolation attendait à la Roquette nos glorieux martyrs.

Par une faveur inespérée , ils obtinrent de leurs gardiens la permission de passer quelques heures ensemble.

Quelle plume pourra jamais décrire les ineffables délices de ces heures bénies !

Comment retracer la joie de nos captifs, qui, après une réclusion absolue de plusieurs semaines, purent enfin se revoir et s'embrasser ! Nous renonçons quant à nous, à peindre un tel tableau. Il faudrait pour cela, s'inspirant des actes des martyrs de la primitive Église, pouvoir reproduire avec la palette de M. de Châteaubriant, les scènes émouvantes de ces dernières agapes, qui par une pitié suprême des Néron et des Domitien, réunissaient dans les cachots de l'amphithéâtre, ceux que la dent des lions allait bientôt dévorer.

A cette époque sanglante des annales de notre foi, Dieu qui n'abandonne jamais les siens, fortifiait le courage de ses confesseurs par des grâces singulières, et la plus grande de toute était assurément la communion au corps et au sang de son divin Fils. On sait en effet avec quelle sollicitude les chrétiens des catacombes employaient leur soin à procurer à leurs frères captifs les moyens de se nourrir de l'auguste Victime de nos autels, et le martyre de saint Tharsis en est l'irrécusable et sanglant témoignage. (1)

La Providence divine ne pouvait manquer de ménager le même insigne bonheur à notre saint prélat et aux autres compagnons de sa captivité.

Pendant leur séjour à Mazas, (2) une noble femme, Mme Blunt, américaine de naissance, et encore à ce moment protestante de religion, (3) eut l'héroïque courage de porter à nos chers prisonniers des hosties consacrées. Par une pieuse industrie, un ecclésiastique les avait enfermées dans un pot de crême à double fond, et Mme Blunt, trompant ainsi la vigilance des gardiens, put remettre en mains sûres son précieux trésor. Depuis lors,

---

(1) Le jeune Tharsis fut mis à mort au moment où il portait les saintes espèces aux chrétiens prisonniers.

(2) Relation du P. Bazin.

(3) Mme Blunt, depuis longtemps instruite des vérités de la Foi a fait abjuration et a reçu le sacrement du baptême le jour même de la Pentecôte.

chaque prêtre conservait dans un sachet de toile blanche suspendu sur sa poitrine, « cette source sainte de force et de consolation, dont on n'a nulle idée, lorsqu'on n'est pas condamné à mort » (1).

Le mardi soir donc, l'archevêque et les prêtres, après s'être confessés, firent en viatique la sainte communion. Mgr Darboy fut en cette circonstance, nous dit un témoin oculaire (4), humble et pieux comme un simple prêtre, et tous les prisonniers reçurent de la présence de N. S. Jésus-Christ dans leur cœur, des consolations si abondantes, qu'ils ne purent s'empêcher de pleurer de joie.

« Le mercredi, 24 mai, à sept heures et
« demie du soir, le directeur de la prison, un
« certain Lefrançais homonyme du membre
« de la Commune et ayant séjourné six an-
« nées au bagne, monta dans la prison à la
« tête de cinquante fédérés, parmi lesquels
« se trouvait un pompier, et occupa la ga-
« lerie dans laquelle étaient renfermés les
« prisonniers principaux. Ces fédérés se
« rangèrent dans la galerie qui conduit au

---

(1) Le P. Bazin.

« chemin de ronde du nord, et, peu d'ins-
« tants après, un brigadier de surveillance
« alla ouvrir la cellule de l'Archevêque et
« l'appela à voix basse. Le prélat répondit :
« *présent !* Puis il passa à la cellule de M. le
« président Bonjean ; ensuite ce fut le tour
« de M. l'abbé Allard, membre de la société
« internationale de secours aux blessés, du
« P. Ducoudray, supérieur de l'école de
« Sainte-Geneviève, et du P. Clerc, de la
« Compagnie de Jésus. Enfin, le dernier ap-
« pelé fut M. l'abbé Deguerry, curé de l'é-
« glise de la Madeleine. A peine leur nom
« était-il prononcé que chacun des prison-
« niers était amené dans la galerie et descen-
« dait l'escalier conduisant au chemin de
« ronde ; sur les deux côtés, autant qu'il me
« fut permis de juger, se tenaient les gardes
« fédérés insultant les prisonniers et leur
« lançant des épithètes que je ne puis repro-
« duire (1). — Mes infortunés compagnons
« furent ainsi suivis par les huées de ces

---

(1) Les injures qui revenaient le plus souvent sur les lèvres des assassins étaient celles de *canailles* et de *crapules.* — Rapport du R. P. Escalle au général commandant le 1er corps d'armée.

« misérables jusqu'à la cour qui précède
« l'infirmerie ; là, il y avait un peloton d'exé-
« tion. Mgr Darboy s'avança et, s'adressant à
« ses assassins, il leur dit quelques paroles
« de pardon ; deux de ces hommes s'appro-
« chèrent du prélat et, devant leur camara-
« des, s'agenouillèrent et implorèrent son
« pardon ; les autres fédérés se précipitèrent
« vers eux et les repoussèrent en les insul-
« tant, puis se retournant vers les prison-
« niers, il leur adressèrent de nouvelles inju-
« res. Le commandant du détachement en
« fut outré. Il fallait donc que ce fût bien
« violent. Il imposa silence à ces hommes et,
« après avoir lancé un épouvantable juron !..
« —Vous êtes ici, dit-il, pour fusiller ces gens-
» là et non pas pour les eng... — Les fédérés
« se turent et sur le commandement de leur
« lieutenant ils chargèrent leurs armes.

« L'abbé Allard fut placé contre le mur et
« le premier frappé. Mgr Darboy tomba à son
« tour, mais seulement à la troisième dé-
« charge (1).

« Pendant l'appel, l'abbé Deguerry, tenait

---

(1) Lettre de M. Eyrard, sergent-major du 106e bataillon

« dans sa main une hostie consacrée et atten-
« dait. Son nom retentit. Il la consomma
« et reçut le coup de la mort en faisant son
« action de grâce.

« M. le président Bonjean se montra, lui
« aussi, chrétien énergique ; jusqu'au dernier
« moment il donna le bras à l'Archevêque
« et s'entretint avec lui écoutant sans au-
« cune indignation apparente les injures de
« ses bourreaux (1).

« Les six prisonniers furent ainsi fusillés,
« et en présence seulement de quelques
« bandits, les corps des malheureuses vic-
« times furent placés tout habillés dans
« une voiture de la Compagnie de Lyon, ré-
« quisitionnée à cet effet, et conduits au ci-
« metière du Père-Lachaise, où on les dé-
« posa dans la dernière tranchée de la fosse-
« commune, à côté les uns des autres, sans
« même qu'on prît soin de les couvrir de
« terre (2).

Le jeudi 25 mai, il ne se passa rien
d'extraordinaire dans la prison, mais la lugubre soirée de la veille donna des appréhen-

____

(1) Récit de P. Bazin.
(2) Lettre de M. Eyrard.

sions pour le soir. Le P. Olivaint était aussi entrain et joyeux que de coutume. Il encourageait les autres, et comme le bruit de la fusillade (entre les troupes de l'armée versaillaise et celles de la Commune) se rapprochait sensiblement, il essayait de leur inspirer l'espoir d'une prochaine délivrance. Seul Mgr Surat changeait physiquement. Il souffrait du cœur, son visage était coloré et son nez très-enflé. La mort de son cinquième archevêque le terrifiait. Cependant, les bons Pères l'animèrent à la confiance, et, réconforté par leurs paroles, il les remercia avec une touchante bonté.

Le vendredi 26 mai, même après-midi que le jour précédent. Il était convenu que si un appel avait lieu, celui des prisonniers qui le premier en aurait connaissance en avertirait les autres en mettant à sa fenêtre un morceau de papier blanc..... Dans la soirée le P. Bazin, auquel nous empruntons presque littéralement tous ces détails, voit le fatal papier à la croisée de l'abbé Bayle. Il aperçoit bientôt après l'abbé Bayle lui-même qui lui fit un signe, ouvrant les deux mains, puis une seule main, puis le pouce. Cela voulait dire que seize prêtres allaient mourir, et avec eux malheureusement un grand nombre d'autres prisonniers.

Cet appel réunit en effet, près de cinquante personnes qu'un détachement de démons incarnés attendait à la grande porte de la prison pour les conduire, au son d'une musique infernale et au milieu de la population insultante de Belleville, à un nouveau Golgotha (1).

On peut suivre sur un plan de Paris la trace de ce chemin de croix.

Laissant la Roquette à gauche, le sinistre cortége, qui grossissait de minute en minute par l'adjonction de la foule ignoble des curieux, s'avança par le boulevard des Amandiers du côté de la rue de Paris et suivit cette rue jusqu'à la rue Haxo.

Vers le haut de la rue Haxo se trouve un ancien cimetière qu'on appelle aujourd'hui le plateau Saint-Fargeau et sur ce plateau une *cité*, c'est-à-dire un ensemble de maisons réunies par une cour intérieure, portant le n°

---

(1) Relation du P. Bazin.

83, et connue sous le nom désormais célèbre de Cité-Vincennes.

C'est dans le jardin d'une maison d'infamie de cette *cité* qu'entrèrent, sous l'escorte toujours plus nombreuse de leurs bourreaux, les malheureux prisonniers.

« Un cavalier qui suivait fit un instant caracoler son cheval, aux applaudissements de la foule, et entra à son tour dans l'enclos en prononçant ces horribles paroles : « Voilà mes amis une bonne capture, fusil-« lez-les ! »

Avec lui et lui serrant la main, entre un homme jeune encore, pâle, blond, élégamment vêtu. Ce misérable qui paraissait être d'une condition supérieure à ceux qui l'entouraient, exerçait une certaine autorité sur la foule. Comme le cavalier, il suivait les otages, et, comme lui, il excitait le peuple en s'écriant : « Oui mes amis, courage, fusillez-« les ! »

L'enclos était déjà occupé par les états-majors des diverses légions. Les cinquante otages et les bandits qui leur faisaient cortége achevèrent de le remplir et très-peu de personnes faisant partie de la multitude massée aux alentours purent pénétrer à l'intérieur.

Vers huit heures et demie du soir, on entendit du dehors, pendant sept à huit minutes, de sourdes détonations mêlées d'imprécations et de cris tumultueux et les prisonniers furent assassinés en masse à coups de révolvers.

A ce moment, un homme en blouse et en chapeau gris, portant un fusil en bandoulière sortit du jardin. A sa vue la foule applaudit, de jeunes femmes lui frappant familièrement sur l'épaule : « Bravo mon ami ! lui dirent-elles, tu as bien travaillé. » (1) Après cela les corps des victimes furent jetés dans un puisard (2) et puis, chose horrible à dire ! ses assassins, comme de vrais sauvages, reprirent leurs instruments de musique et exécutèrent avec les spectateurs, jusqu'à une heure avancée de la nuit, la plus ignoble des saturnales ! !.... (3)

---

(1) Rapport du R. P. Escalle.
(2) On croit, d'après la position des corps, que le P. Caubert dut être massacré le premier. Après lui les P. Olivaint et de Bengy, puis l'abbé Planchat et enfin un jeune séminariste de vingt ans, M. Seigneret.
(3) Relation du P. Bazin.

Le samedi 27 mai, vers 3 heures de l'après-midi, le *citoyen* Ferré, membre de la Commune et délégué à la sûreté générale, se rendit au greffe de la Roquette et fit venir les condamnés du Pénitencier, détenus dans la prison, en attendant leur transfert au bagne. Il leur déclara qu'ils étaient libres. Des armes et des munitions leur furent données et bientôt devait commencer un nouveau massacre (1).

Cependant la mesure prise par le *citoyen* Ferré avait occasionné un certain désordre. Un instant les portes de la prison s'ouvrirent et, franchissant l'enceinte, plusieurs prisonniers parmi lesquels, l'abbé Bayle, l'abbé Petit et Mgr Surat, purent s'enfuir. Les deux premiers jeunes et agiles furent assez heureux pour échapper aux poursuites des assassins, mais Mgr Surat, vieillard, accablé par l'âge, à bout de force à raison des privations de tout genre qu'il endurait depuis deux mois, et ayant d'ailleurs commis l'imprudence d'emporter sa soutane sous le bras, ne tarda pas à être reconnu et, à la suite d'une dé-

____

(1) Lettre de M. Eyrard.

charge de mitraille partie de la barricade voisine, brusquement séparé de ses compagnons, il disparut au milieu d'une épaisse fumée.

Quand, plus tard, son corps fut retrouvé, il était horriblement mutilé, l'œil traversé par la pointe d'une baïonnette, le crâne brisé d'un coup de crosse et la joue percée d'une balle !..... (1)

Pendant ce temps-là une horrible bataille se livrait à l'intérieur de la prison. Les otages au nombre de cent-cinquante, la plupart gendarmes ou soldats de la ligne avaient organisé contre l'attaque des forçats et des Fédérés, la plus vigoureuse résistance, barricadant leur quartier au moyen de tous les objets qui leur tombaient sous la main.

Vers le milieu de la nuit la fusillade de l'armée de Versailles s'entendit distinctement au loin d'abord, puis plus près..... Et bientôt ce cri : *Les Versaillais !* retentit aux oreilles des prisonniers..... Mais le bon P. Bazin, qui avec un héroïque courage, et une prudence consommée, commandait la défense : « Tenez bon, mes amis, s'écrie-t-il, c'est une trahison !»

---

(1) Relation du P. Bazin.

C'était en effet une dernière et ignoble lâcheté des massacreurs.

Enfin, au point du jour, les portes de la Roquette sont enfoncées par l'armée libératrice. Mais les prisonniers auxquels on annonce cette bonne nouvelle refusent d'y croire et veulent continuer la lutte. Alors le P. Bazin, demande, par une ouverture, le nom de l'officier supérieur. — De Turenne, répond-on. Les soldats exigent des armes comme garantie, on leur en donne. Le comte de Turenne fait de plus passer son anneau armorié. A ce signe on se reconnaît, on ouvre les portes et les soldats se trouvent providentiellement en face d'une division de leur propre régiment. (1).

Nous n'ajouterons rien à ce récit que nous avons emprunté presque textuellement aux sources les plus authentiques. Mais hélas ce n'était pas encore là le dernier acte de cette tragédie.

A une autre extrémité de Paris, au fort de Bicêtre, un second groupe de prisonniers composé de cinq religieux Dominicains du tiers-

---

(1) Relation du P. Bazin.

ordre enseignant, de plusieurs ecclésiastiques et de quelques domestiques appartenant au collége d'Arcueil, se trouvaient incarcérés, devant bientôt subir, dans des circonstances non moins horribles, le même sort que les prisonniers de la Roquette.

Nous laissons encore une fois la parole à l'un des trop rares survivants de cette affreuse boucherie, M. l'abbé Grandcollas, qui a consigné dans la lettre suivante le récit de ce nouveau drame :

« Le vendredi, 19 mai, un membre de la
« Commune, suivi du gouverneur de Bicêtre
« et du sieur Cerisier, (1) à la tête du 101ᵐᵉ ba-
« taillon, s'est présenté à l'école Albert-le-
« Grand (collége d'Arcueil), vers 4 heures et
« demie du soir, et nous a tous emmenés, les
« religieuses (2) à la préfecture de police et
« plus tard à Saint-Lazare ; les pères Domini-
« cains, les professeurs et les domestiques du

---

(1). Condamné trois fois à mort, et ne croyant, ainsi qu'il le disait lui-même avec un ignoble cynisme, ni à Dieu, ni aux hommes. »

(2) Ces religieuses sont chargées de la direction de l'infirme- rie et de la lingerie du collége.

« collége au fort de Bicêtre, où l'on nous a
« jetés dans une casemate, après nous avoir dé-
« pouillés de tout, même de nos bréviaires. (1)

« Jeudi dernier, 25 mai, vers 8 heures du
« matin, au moment où la garnison quittait
« le fort en toute hâte, un officier est venu
« nous dire : « Vous êtes libres ! seulement
« nous ne pouvons vous laisser entre les
« mains des Versaillais, il faut nous suivre
« aux Gobelins ; ensuite vous irez dans Paris
« où bon vous semblera. »

---

(1) Lorsque le signal du départ allait être donné, sept ou
huit élèves restés dans le collége et menacés un instant, eux
aussi, de subir le même sort que leurs maîtres se mirent à
genoux, autour du père Prieur et lui demandèrent une dernière bénédiction.

« Mes enfants leur dit-il, vous voyez ce qui se passe, sans
doute on vous interrogera. Soyez francs et sincères comme
si vous parliez à vos parents... Rappelez-vous ce qu'ils vous
ont recommandé en vous confiant à nous, et quoiqu'il arrive,
souvenez-vous que vous avez à devenir des hommes capables
de vivre et de mourir en Français et en chrétiens. Adieu !....
que la bénédiction du Père, du Fils et du Saint-Esprit des-
cende sur vous et y demeure toujours, toujours ! »

Pour se rendre au fort de Bicêtre , les prisonniers durent
traverser les rues du village d'Arcueil. Partout sur leur pas-
sage, ils recueillirent des marques non équivoques de dou-
loureuse sympathie : « Quand ils sont passés devant notre
porte, disait, les larmes aux yeux, une pauvre femme, et que
j'ai vu marcher au milieu des soldats le P. Captier et tous ces
Messieurs qui nous faisaient tant de bien, j'ai pensé que c'était
Jésus-Christ avec ses disciples allant à Jérusalem pour être
crucifiés ! »

« Le trajet fut long et pénible ; des me-
« naces de mort étaient à tout instant pro-
« férées contre nous par la populace. Arrivés
« à la mairie des Gobelins, on ne veut plus
« nous laisser libres. — Les rues ne sont pas
« sûres, nous dit-on, vous seriez massacrés
« par le peuple. — D'abord on nous fait as-
« seoir dans la cour intérieure de la mairie
« où pleuvaient les obus, puis un nouvel of-
« ficier arrive et nous mène à la prison dis-
« ciplinaire du secteur, avenue d'Italie, 38.
« Dans l'avenue nous apercevons le 101ᵉ avec
« son chef, le docteur Cerisier. Nous étions
« ses prisonniers.

« Vers 2 heures et demie, un homme en
« chemise rouge, ouvre brusquement la porte
« de la salle où nous étions enfermés et nous
« dit : « Soutanes, levez-vous ! on va vous
« conduire aux barricades. »

« Nous sortîmes, les balles pleuvaient avec
« une telle intensité dans la cour que les in-
« surgés l'abandonnèrent. On nous ramena à
« la prison disciplinaire sur l'ordre du colonel
« Cerisier. Nous nous confessons une dernière
« fois et le père Prieur nous exhorte tous à
« bien mourir.

« A 4 heures et demie environ, nouvel
« ordre du sieur Cerisier. Cette fois nous
« partons tous, religieux, professeurs, domes-
« tiques, entourés par des gardes du 101e
« qui chargent devant nous leurs armes. A
« la porte extérieure de la prison, le chef du
« détachement nous crie :

« — Sortez un à un dans la rue !

« Puis le massacre commença. J'entends
« le père Prieur dire :

« — Allons mes amis !… pour le bon Dieu !
« — et c'est tout !

« J'ai survécu avec quelques professeurs (1)
« et domestiques à cette épouvantable fusil-
« lade. Une balle avait traversé mon par-
« dessus sans m'atteindre.

« Je pus me jeter dans une maison ouverte
« sans être vu. Là, une femme me fit pren-
« dre à la hâte les vêtements de son mari et
« je restai chez elle jusqu'au moment où ar-
« rivèrent les soldats du 113e de ligne, qui
« me reçurent dans leurs rangs avec le plus
« grand empressement. Un chef de bataillon,

---

(1) Entre autres l'excellent P. Rousselin, professeur de
philosophie à l'Ecole Albert-le-Grand.

« dont je regrette de ne pas savoir le nom,
« me donna un sergent et quelques hommes
« pour aller reconnaître nos chères victimes.

« Vous savez le reste. Nous n'avions pas
« retrouvé le corps du P. Captier, et je con-
« servais l'espoir qu'il aurait pu, comme moi,
« se sauver.

« Hélas ! lui aussi, une des plus belles
« intelligences de son temps, il était massa-
« cré. Je n'en pouvais plus. Hier un des sur-
« vivants, M. Résillot, accompagné d'un
« jeune homme, M. Bairally, qui nous avait
» offert ses services avec le plus louable em-
« pressement, se rendit aux Gobelins pour
« réclamer les corps recueillis la veille par
« les bons frères des Écoles Chrétiennes. Là,
« ils trouvèrent M. le maire et M. le curé
« d'Arcueil, déjà prévenus, ainsi que l'abbé
« Delarc, aumônier de l'hospice Cochin.

« Les corps (douze en tout) furent transpor-
« tés dans la soirée à l'école Albert-le-Grand,
« par permission expresse du maréchal Mac-
« Mahon. (1)

« Samedi, 27 mai 1871.

« L'abbé GRANDCOLLAS.
« 10, rue Mézières, hôtel Samson. »

---

(1) Ces corps se trouvaient affreusement mutilés. Dans leur

Et maintenant laissons tomber le voile sur ce drame sanglant. Aussi bien faut-il ménager la sensibilité de nos lecteurs, et ne pas leur présenter trop longtemps un tableau si lugubre. Qu'on nous permette cependant de dire encore quelques mots sur la vie de ces illustres et saintes victimes que nous avons eu l'insigne bonheur de connaître pour la plupart, et dont quelques-unes ont daigné nous honorer d'une bienveillance et même d'une amitié particulière.

MONSEIGNEUR DARBOY.

Le vénérable Archevêque occupait depuis neuf ans le siége métropolitain de Paris. Né en 1813, d'une famille fort humble, au petit village de Fayl-Billot (Haute-Marne), il s'éleva par son seul mérite à l'une des plus hautes dignités de l'Église. Après avoir fait

---

insatiable fureur les assassins s'étant précipités sur les cadavres, avaient à coups de haches et de baïonnettes brisé le crane et les membres de nos glorieux martyrs, puis les dépouillant de leurs vétements ils n'avaient pas reculé devant l'horreur de se livrer sur eux aux plus abominables profanations !..

de brillantes études au séminaire de Langres, il reçut la prêtrise en 1836 et fut aussitôt nommé vicaire de Saint-Dizier. C'était par ce poste modeste que débutait cet homme, auquel l'avenir réservait de si hautes, mais en même temps si douloureuses destinées ! Quelques années plus tard, son évêque l'attacha comme professeur à son grand séminaire.

Puis, vers 1847, le jeune prêtre vient à Paris, se fait remarquer par diverses publications et obtient bientôt, de la confiance de Mgr Affre, la charge de second aumônier du collége Henri IV.

C'est là qu'après l'héroïque trépas du prélat martyr, le nouvel archevêque de Paris, Mgr Sibour, donna au jeune aumônier sa confiance et son amitié au point de l'appeler dans ses conseils en qualité de vicaire général. L'abbé Darboy remplit ses nouvelles fonctions avec une intelligence remarquable, et il les conserva, sous l'administration du cardinal Morlot, jusqu'au jour où il fut nommé à l'évêché de Nancy.

Le nouvel évêque n'occupa ce siége que quatre ans, et, à la mort du cardinal Morlot, il lui succéda comme archevêque de Paris. Ses bulles de préconisation sont du 16 mars 1863.

L'élévation de Mgr Darboy au premier siége épiscopal de France ne changea en rien la simplicité et l'austérité de sa vie. Menant au milieu des pompes de la cour, l'existence la plus laborieuse, il s'occupait activement, soit de l'administration de son diocèse soit des études qui avaient fait le charme de sa jeunesse. Aussi, laisse-t-il après lui de remarquables mandements, qui sont le digne couronnement de ses œuvres théologiques, philosophiques et littéraires.

La malheureuse guerre qui vient d'écraser notre infortuné pays trouva Mgr Darboy au poste d'honneur et de péril où Dieu l'avait placé, consolant et encourageant ses ouailles, mais le cœur brisé de douleur en voyant la France qu'il aimait tant, accablée sous l'humiliation de ses défaites et de ses malheurs.

Sa dernière et sa plus chère occupation, au moment où il devint prisonnier des brigands de la Commune, était de travailler à la fondation d'un orphelinat pour les enfants pauvres des défenseurs de la Patrie.

Quelques années auparavant (rapprochement

touchant!) l'éminent prélat, avait mis un zèle pieux à ériger un monument funèbre à la mémoire des prêtres massacrés par les ancêtres des *communeux*, aux jours néfastes de la première révolution, et à recueillir dans la chapelle souterraine des Carmes ces ossements bénis, que, par une inconcevable profanation, M. le baron Haussman venait, pour le percement d'une nouvelle rue, d'exproprier de leurs tombeaux.

On nous assure aussi qu'au moment de son arrestation l'archevêque de Paris tenait, cachée sous ses vêtements une relique précieuse. C'était une croix de l'illustre martyr de Cantorbery Saint Thomas Becket sur laquelle se trouvaient gravés ces mots : *Est pro justitia cæsus in ecclesia* (1). Il portait également sur sa poitrine la croix que lui avait léguée Mgr Affre et avait au doigt l'anneau pastoral de l'infortuné Mgr Sibour.

« Peu de jours avant la lamentable ca-
« tastrophe qui devait nous l'enlever si cruel-
« lement, Mgr Darboy avait reçu de Notre
« Saint-Père le Pape une lettre affectueuse

---

(1) « Massacré sur les marches de l'autel pour la cause du droit. »

« et paternelle, qui restera comme un nou-
« veau témoignage de la haute et particu-
« lière estime dans laquelle Sa Sainteté le
« tenait. C'était la réponse à une lettre du
« vénéré prélat, dans laquelle il avait expri-
« mé, avec tous ses collègues dans l'épisco-
« pat et d'une façon aussi élevée que tou-
« chante, son adhésion d'esprit et de cœur à
« toutes les définitions dogmatiques que le
« saint Concile du Vatican a solennellement
« promulguées....

« Ce ne fut pas une médiocre consolation
« pour l'Archevêque de Paris, captif pour la
« foi, de recevoir de l'auguste prisonnier du
« Vatican, des encouragements qui, s'inspi-
« rant de circonstances analogues, amenées
« par les mêmes erreurs et les mêmes crimes,
« avaient une grâce particulière pour conso-
« ler et pour émouvoir. » (2)

---

(2) Instruction pastorale de Mgr Foulon, ami particulier de Mgr Darboy, et son successeur à l'évêché de Nancy. — Si nous sommes bien informés, le bref du Souverain n'aurait pu franchir les grilles de Mazas et être remis aux mains de l'infortuné prélat !

MONSEIGNEUR SURAT.

Mgr Surat, né en 1804., ancien secrétaire particulier de Mgr de Quelen, remplissait depuis plus de vingt ans les fonctions de vicaire général dans le diocèse de Paris. Il était en dernier lieu archidiacre de Notre-Dame et avait en 1867 reçu de la bienveillance du Souverain Pontife, la dignité de Protonotaire apostolique.

M. L'ABBÉ DEGUERRY.

M. Deguerry, successivement curé de Saint-Eustache et de la Madeleine, jouissait de la vénération générale des riches et des pauvres. On peut bien dire que s'il entretenait des relations suivies avec ses opulents paroissiens, c'était surtout pour leur rappeler l'impérieux devoir de l'aumône et pour en obtenir, au profit de toutes les misères, d'abondants secours.

Il est impossible, en effet, de donner une

juste idée de tout le bien qu'a fait autour de lui cet excellent prêtre, que M. Thiers appelait, dans l'une de ses dépêches, le meilleur des hommes.

Avant d'entrer dans le ministère pastoral, M. Deguerry s'était fait remarquer par l'éloquence de ses prédications. Attaché à la congrégation des Missionnaires diocésains de Lyon, il avait évangélisé la plupart des grandes villes de France.

Frappé de l'éclat de ses vertus et de ses mérites, Napoléon III confia, il y a quelques années, l'éducation religieuse de son fils au vénérable abbé Deguerry. Plus heureux, sans nul doute, eût été le souverain qui vient de perdre, avec sa couronne, la fortune de la France, si, en toute occasion, il eût fait pour l'administration du pays comme pour la conduite des affaires politiques, des choix aussi intelligents.

Le crédit dont M. Deguerry ne tarda pas de jouir à la Cour n'influa en rien sur le cœur du saint prêtre. Il resta, au sein des grandeurs, ce qu'il avait toujours été : humble, simple, bon, et accessible à tous, et poussa même l'abnégation jusqu'à refuser l'évêché de Marseille

que lui offrait l'Empereur à la mort de Mgr
de Mazenod.

LE R. P. OLIVAINT.

Supérieur des PP. Jésuites de la rue de
Sèvres, le R. P. Olivaint était assurément l'un
des religieux les plus éminents de son ordre.

Doué d'une intelligence vive et pénétrante,
et d'un zèle pour l'étude poussé jusqu'à l'ex-
cès, le P. Olivaint voulut d'abord suivre la
carrière des lettres et de l'enseignement pu-
blic. Entré à l'école normale supérieure vers
1837, il s'attacha à l'étude de la philosophie et devint en peu de temps l'un des
brillants disciples de M. Victor Cousin ; mais
bientôt les études historiques eurent pour lui
plus d'attrait et après avoir subi son concours
d'agrégation, il fut nommé professeur d'histoire au collége royal de Grenoble.

Quelques années après nous le trouvons
précepteur chez le duc de la Rochefoucauld-
Liancourt; mais, une fois l'éducation de son
jeune élève terminée, attiré par la grâce

divine, il obéit à une vocation plus sainte dont il avait puisé les germes, au sein des conférences de Saint-Vincent-de-Paul, dans les humbles pratiques des œuvres de charité, encouragé d'ailleurs par les conseils d'une des femmes les plus admirables de notre siècle, la vénérée sœur Rosalie qui l'aimait comme un fils et qui avait fait de lui le zélé visiteur de ses chers pauvres du faubourg Saint-Marceau. M. Olivaint se sépara donc du monde, et de ce qu'il avait de plus cher au monde, de sa digne et sainte mère. Ses amis se rappellent encore avec quelle touchante délicatesse il avait renoncé à tout traitement personnel en retour de la promesse donnée par le noble Duc d'assurer une honnête aisance à cette mère bien-aimée.

Libre dès lors, il entra au noviciat de la Compagnie de Jésus, et ne tarda pas à voir ses mérites de tout genre appréciés par ses supérieurs. Aussi, dès que la loi de 1850 permit aux congrégations religieuses d'ouvrir des colléges, s'empressa-t-on d'utiliser le zèle et la science du P. Olivaint. Il fut d'abord nommé préfet des études et peu après recteur du collége de Vaugirard. C'est sous lui, dans cette sainte maison, que se sont formés plusieurs générations de jeunes gens dont la conduite et le talent honorent et servent aujourd'hui le pays dans les carrières les plus diverses.

Du rectorat du collége de Vaugirard le P. Olivaint passa, comme supérieur, à la résidence de la rue de Sèvres. Là commença pour lui un nouveau ministère que toutes les familles chrétiennes de Paris béniront à jamais.

Qui pourrait dire le bien moral et religieux accompli par lui. Que de cœurs endurcis se sont sentis pénétrés par l'onction de sa parole ! Combien de pécheurs longtemps rebelles à l'action de la grâce, touchés enfin par sa persuasive charité, sont tombés à ses pieds pour se relever pardonnés !

Ah ! que de larmes fait verser en ce moment la mort de cet admirable prêtre et que de prières vont s'élever au ciel ; mais assurément moins pour lui que vers lui ; car tous ceux qui ont eu le bonheur de le connaître voudront l'invoquer comme un saint.

LE P. CAUBERT.

Parmi les compagnons du R. P. Olivaint, nous avons nommé le P. Caubert, procureur de la province, qui renonça à tous les avantages d'une belle position (celle de sous-chef au ministère de la justice) pour revêtir l'humble habit des enfants de saint Ignace.

LE P. DUCOUDRAY.

Nous trouvons encore dans ce chœur de martyrs le très-savant et très-aimé P. Ducoudray auquel nous liait une bien tendre affection.

Placé, depuis plusieurs années, à la tête de l'école Sainte-Geneviève, il avait fait de cet établissement une pépinière féconde pour toutes les écoles du gouvernement. Chaque année sous sa direction, et par les soins d'un personnel de professeurs éminents, plus de trois cents élèves se préparaient aux redoutables concours des écoles supérieures, et bon nombre parvenaient à s'y faire admettre dans les rangs les plus honorables, au point de rendre jaloux M. le ministre Duruy lui-même, qui voyait, non sans quelque dépit, les succès toujours croissants d'un établissement qu'on appelait, assez dédaigneusement autour de lui, une *école congréganiste*.

Si maintenant on veut savoir comment les élèves du P. Ducoudray appréciaient leur vénéré supérieur, qu'on lise les lignes suivantes, extraites d'une lettre écrite récemment par l'un deux. (1)

« Que dire du P. Ducoudray, ce noble et « saint religieux dont la parole sympathique « semble vibrer encore au milieu de nous et « raviver dans nos âmes de doux et chers sou- « venirs ?

« Comblé des dons de l'intelligence et de la « fortune, de bonne heure il avait sacrifié « tous les avantages que le monde admire « aux ardeurs de sa nature généreuse et « croyante. Mais, en se dérobant au monde, « il avait conservé ces grâces aimables et « cette exquise affabilité qui révélaient en lui

_____

(1) M. Robert d'Esclaires, élève ingénieur des mines.

« une âme d'élite. Investi jeune encore de la
« direction de l'école Sainte-Geneviève il en
« remplissait avec un dévouement sans ré-
« serve les hautes et difficiles fonctions. Pé-
« nétré du besoin de se faire aimer il savait
« se donner tout à tous et tempérer la ri-
« gueur de la discipline par l'onction la plus
« paternelle et la plus gracieuse bienveillance.
« Nul ne résistait à l'attrait de ce prêtre qui
« joignait à toutes les autres vertus de la vie
« apostolique l'élévation du langage et de la
« pensée, toutes les qualités qui sont l'apa-
« nage d'un grand caractère et qu'il excellait
« à semer dans les âmes, tant il en était la
« réelle et vivante personnification. »

LE P. CLERC (Alexis)

Le P. Clerc était un mathématicien dis-
tingué, et attaché comme le P. Ducoudray à
l'école préparatoire de Sainte-Geneviève.

Obéissant à une vocation d'en haut, il avait
renoncé de bonne heure aux épaulettes de
lieutenant de vaisseau et au juste orgueil
de porter sur sa poitrine la croix de la lé-

gion d'honneur, sacrifiant ainsi une belle carrière, pour s'enrôler dans une milice non moins honorable, mais plus parfaite encore, celle de la Compagnie de Jésus.

LE P. DE BENGY.

Issu d'une noble famille de Bourges, le P. de Bengy était tout jeune prêtre, quand il demanda et obtint l'autorisation d'accompagner le P. Parabère, comme aumônier de l'armée de Crimée.

Sa grande taille et son air décidé le faisaient bien venir auprès du soldat.

Lorsque la funeste guerre contre la Prusse éclata, l'ancien aumônier sollicita, mais vainement, le périlleux honneur d'accompagner l'armée. Il n'y avait de place alors dans l'aumônerie militaire pour aucun religieux.

« Nous ne voulons pas de zèle, » osa répondre à sa demande l'un de ceux qui disposaient des nominations...

Cependant le P. de Bengy trouva le moyen de se faire attacher à une ambulance de la société internationale. Il la suivit à Sédan et

la ramena à Paris où il se dévoua, digne
émule de l'abbé Allard, avec une charité admirable au service des blessés. (1) C'est dans
ce saint ministère qu'il a fait bénir de tous
ce nom de *Jésuite* que tant de malheureux
écrivains jettent tous les jours si injustement
et si impudemment en pâture à l'ignorance
et aux préjugés de la foule.

M. L'ABBÉ PERNY.

M. l'abbé Perny nous était très-parti-
culièrement connu, et nous avions pour
lui une sympathie des plus vives.

Bon, simple, avenant comme tous les missionnaires, il appartenait à la congrégation des
Missions Étrangères. Pendant vingt ans, au
milieu des persécutions les plus redoutables, et
bien souvent au péril de sa vie, il évangélisa
la province du Kouéi-Tchéou, l'une des plus
vastes et des plus peuplées du Céleste-Em-
pire. Que de fois dans sa cellule ou dans des
réunions moins intimes, nous avons recueilli

---

(1) *L'ordre et la Liberté,* journal de Caen.

de sa bouche le récit merveilleux de ses avantures !

Il nous souvient aussi qu'un jour, nous conduisant dans la salle dite *des Martyrs* où se conservent, comme un précieux trésor, les reliques des missionnaires mis à mort pour la foi, ainsi que les instruments de leur supplice, il me dit en souriant : « Eh bien ! cher « Monsieur, voilà la mort que j'envie. » Hélas ! le saint prêtre ne se doutait pas que ses vœux seraient si promptement exaucés; et il soupçonnait moins encore que ses bourreaux seraient, oserais-je bien le dire, non pas des Japonais ou des Chinois, mais... des Français ! (1)

Rentré dans sa patrie depuis deux ans pour rétablir sa pauvre santé, l'abbé Perny consacrait le temps de son repos forcé à une œuvre importante, au double point de vue de la science philologique et de l'instruction des missionnaires : la publication d'un dictionnaire français-latin-chinois, pour lequel il a dû, avec une véritable patience de bénédic-

---

(1) On sait que M. Perny a pu échapper au massacre et qu'il a consigné dans le « Journal de sa captivité » les intéressants détails de sa vie de prisonnier.

tin, dessiner et faire fondre sous ses yeux les innombrables et bizarres caractères typographiques de la langue chinoise, qu'il lui était impossible de se procurer en Europe.

L'abbé Houillon fut le digne compagnon d'apostolat de l'abbé Perny et il évangélisa comme lui pendant plusieurs années une autre grande province de l'Empire chinois, celle du Sué-Tchuen.

M. L'ABBÉ PLANCHAT. (1)

Au nombre des victimes les plus humbles, mais non pas les moins saintes, de la rage *communeuse*, il faut compter encore le vénérable et apostolique abbé Planchat.

Sa vie hélas, si promptement tranchée, n'est qu'une longue suite d'actes de dévouement en faveur des ouvriers et des pauvres. Renonçant à tous les avantages que pouvaient

---

(1) M. Planchat appartenait à l'institut des frères de saint Vincent-de-Paul, fondé par M. l'abbé Leprévost. La mission de cet institut est de se consacrer à l'œuvre du Patronage des Apprentis et des Jeunes Ouvriers.

lui offrir les dignités ecclésiastiques, il s'était fait depuis plus de quinze ans l'ami de ceux qui souffrent. C'était un vrai saint Vincent-de-Paul, occupé du matin au soir à visiter les familles indigentes, surtout celles qui étaient chargées d'enfants. On peut dire, en effet, que le dévouement à l'enfance était sa vertu de prédilection. Remplissant les fonctions, absolument gratuites, d'aumônier d'une maison de patronage dans le quartier populaire de Charonne, il prodiguait ses soins spirituels et même temporels à plus de trois cent cinquante pauvres petits apprentis qu'il suivait partout de sa paternelle sollicitude, à l'atelier, dans leurs familles, à l'hôpital et jusqu'au cimetière, quand il venait à perdre l'un de ses chers patronnés. Aussi, fallait-il voir, avec quel empressement chaque enfant l'abordait, accourant pour recevoir de lui une caresse, un bonjour, une poignée de main, une médaille ou une image et quelquefois (si la bourse du pauvre prêtre n'était pas absolument vide) une petite pièce blanche pour la mère malade ou pour le père sans travail. Eh bien ! c'est cet ami des pauvres, des souffrants, des délaissés de ce monde que les indignes *commu-*

neux ont eu l'infamie de tuer à coups de crosses et de baïonnettes. Oh ! cela est horrible et la postérité ne voudra jamais croire à un pareil forfait ! !

LE R. P. CAPTIER

LES RELIGIEUX DOMINICAINS, LES PROFESSEURS
ECCLÉSIASTIQUES ET LES SERVITEURS
DU COLLÉGE D'ARCUEIL. (1)

Il me reste à parler avec quelques détails, de nos pauvres chers PP. Dominicains d'Arcueil. Mais ici, plus que jamais mes idées se troublent et les larmes obscurcissent mes yeux.

(1) C'est pour nous une consolation de rappeler ici le nom de ces martyrs. Les voici : Le R. P. Louis Raphaël Captier premier assistant du tiers-ordre enseignant, fondateur et Prieur de l'école Albert-le-Grand. Le P. Thomas Bourard, prêtre profès de l'Ordre des Frères Prêcheurs, lecteur en théologie, aumônier. Le P. Constant de Delhorme, prêtre, régent des études. Le P. Henri Cotrault prêtre procureur du collége. Le P. Gabriel Chatagneret, sous-diacre, professeur. MM. François Volant et Antoine Gauquelin maîtres auxiliaires ; Aimé Gros, Antoine Marce, Théodore Cathala, François Duntroz et Joseph Cheminal, serviteurs de l'école Albert-le-Grand.

Le R. P. Captier, fondateur et prieur du collége Albert-le-Grand, était pour moi un ami de trente ans. Je l'aimais tendrement et je le pleure aujourd'hui comme un frère. Assis avec lui sur les bancs de notre cher collége d'Oullins, sous la direction d'un maître bien-aimé, l'excellent et vénérable abbé Dauphin, je l'ai vu grandir, je puis bien le dire, en âge et en sagesse, et devenir l'un des hommes distingués de notre époque comme aussi l'un des éducateurs les plus éminents de la jeunesse.

Nature admirablement douée, intelligence supérieure, caractère d'une incroyable énergie, cœur ouvert à tous les sentiments généreux, ardent, enthousiaste et battant avant tout pour la gloire de Dieu, le triomphe de l'Église et l'amour de la France, le R. P. Captier exerçait sur tous ceux qui l'approchaient une sorte de fascination par le charme de son esprit et l'affabilité de ses manières. Mis en relation, au sortir du collége, avec le P. Lacordaire, il devint son disciple chéri et l'un des premiers novices du tiers-ordre enseignant ; puis, une fois ses études théologiques terminées et les saints ordres reçus, il ne tarda pas à être nommé Prieur de la maison d'Oullins, dont l'abbé Dauphin venait de transmettre les destinées au nouvel institut du P. Lacordaire.

Nous ne dirons rien du zèle et de l'intelligence avec lesquels cet établissement continua d'être gouverné. On le devine sans peine.

Cependant Paris réclamait, comme Lyon, la fondation d'un collége dominicain , et, vers le mois de mai de l'année 1863, le P. Captier fut choisi par ses supérieurs pour en poser les premières assises.

Raconter tout ce que cette fondation coûta au P. Captier de peines et de soins, quel courage, quelle persévérance il dut déployer pour vaincre la mauvaise volonté, disons plus justement, l'hostilité manifeste des Ministres de l'Intérieur et de l'Instruction Publique du gouvernement d'alors, n'est pas chose facile, et, d'ailleurs, cela nous entraînerait trop loin. Qu'il nous suffise de rappeler qu'à force de ténacité, le jeune religieux sortit victorieux de la lutte, et qu'au mois d'octobre de la même année, il put recevoir ses premiers élèves dans le vieux château Berthollet, situé aux portes de Paris, sur les hauteurs du village d'Arcueil.

Nous avons assisté à la naissance de ce collége et nous l'avons vu, en quelques années, se développer par une série non-interrompue de merveilleux progrès.

C'est dans ce même collége, transformé en ambulance (1) pendant les deux siéges, que les PP. Cotrault, Delhorme, Bourard, Chatagneret et les autres compagnons de martyre du P. Captier prodiguaient depuis plus de huit mois aux malheureux blessés de toute nationalité et de tout drapeau, le dévouement le plus infatigable, lorsqu'à la suite d'une trahison infâme, (2) ces vénérables religieux furent arrêtés par les bandits de la Commune qui devaient se charger d'acquitter si tôt envers eux, de la manière qu'on sait, la dette de gratitude de Paris et de la France.

Mais il est temps de finir. Aussi bien la

---

(1) Environ quinze-cents blessés ou malades ont été reçus et soignés dans cette ambulance depuis le mois de septembre dernier.

(2) On assure, en effet, que les PP. Dominicains ont dû ļeur arrestation à la dénonciation d'un misérable qu'ils avaient soigné dans leur ambulance, à l'époque du premier siége.

plume tombe-t-elle des mains devant de sem-
blables abominations !

Efforçons-nous donc, s'il se peut, d'ou-
blier les bourreaux pour ne plus penser
qu'à la gloire des martyrs, et à l'exemple de
Mgr Affre, de sainte mémoire, demandons à
Dieu que le sang de ces pures victimes soit
le dernier versé !

Puis comme moralité, méditons ces simples
réflexions de nature, ce nous semble, à faire
impression sur tout homme de sens et de
cœur.

Premièrement : Nous n'avons plus le droit
maintenant dans notre pauvre France de
parler des Visigoths et des Vandales. En fait
d'atrocité, les massacreurs et les incendiaires
de la Commune de Paris ont atteint si non
dépassé les hordes des Alaric et des Attila !

Secondement : De tels crimes ne sont
possibles que dans une société profondément
perverse, chez laquelle la notion de Dieu et
de l'âme immortelle est bien près de s'éteindre
et qui par conséquent se hâte vers sa ruine.

Troisièmement : C'est très-certainement en
haine de l'Église Catholique, Apostolique et

Romaine que ces massacres ont été commis. (1)
Nous n'avons pas appris en effet qu'on ait
trouvé jusqu'à ce jour, parmi les personnes
immolées, des ministres protestants ou des
rabbins juifs. Ne peut-on pas dès-lors décerner
la palme du martyre aux victimes dont le
sacrifice a été comme la rançon de Paris?

Quatrièmement, et c'est par là que nous
terminerons : Ceux-là assurément sont bien
injustes, bien ingrats et bien coupables, qui,
à tout propos, parlent mal des religieux et des
prêtres. Mais combien sont plus coupables encore les écrivains qui, trempant leur plume
dans un fiel empoisonné, remplissent sans cesse
les feuilles publiques des plus noires calom-
nies contre le clergé et les choses saintes !
Comme les bourreaux du Divin Crucifié, tous
ne savent peut-être pas ce qu'ils font, éh
bien ! qu'ils l'apprennent aujourd'hui. Ils
aiguisent le poignard et arment le fusil qui,
à un jour donné, fait tomber dans le sang les

____

(1) Le fait suivant en est la preuve : M. l'abbé Amodru ré-
pondant à une interrogation, qu'il était prêtre et vicaire de la
paroisse de Notre-Dame-des-Victoires. — Eh bien c'est là justement le délit ! répliqua l'officier de la Commune....

meilleurs amis du peuple et les plus généreux citoyens ! !....

P S. — Parmi les prêtres et les religieux échappés au massacre, nous sommes heureux de compter outre M. Perny, M. Guérin, son confrère des Missions Étrangères, dont les journaux viennent de nous révéler un trait d'admirable héroïsme (1), M. l'abbé Bayle, le digne promoteur du diocèse de Paris, M. l'abbé Petit, secrétaire général de l'Archevêché, MM. Icard (2), Roussel et Bacuès, de la Compagnie de Saint-Sulpice, M. Gard et cinq autres séminaristes : le P. Bazin, de la Compagnie de Jésus, le vénérable abbé Croze,

---

(1) Dans la seconde journée du massacre de la Roquette, à l'heure de l'appel des condamnés, M. Guérin voulait avec insistance répondre au lieu et place d'un prisonnier, père de famille, qui eut la générosité de refuser ce sublime sacrifice, en marchant lui-même courageusement à la mort !

(2) MM. Icard et Roussel avaient été incarcérés dans la prison dite *de la Santé*. Le directeur de cette prison animé de sentiments plus humains que ses confrères de Mazas et de la Roquette, permit à ces messieurs de célébrer quotidiennement le saint sacrifice de la messe, ce qui fut pour eux une source d'ineffables consolations.

aumônier de la Roquette, M. Juge, aumônier des Sœurs-Aveugles, M. l'abbé Mauléon, curé de Saint-Séverin, M. Blondeau, curé de Plaisance, M. Lartigue, curé de Saint-Leu, M. de Marsy, vicaire de Saint-Paul, M. Lamazou, vicaire de la Madeleine, M. Méhudin, vicaire de Notre–Dame-de-la-Gare (1), le P. Siméon Dumonteil, ancien missionnaire à Thaïti et les RR.PP. Picputiens, Laurent Besquet, Saintin, Carchon, Chilibert, Tourel, Sosthène Duval, et Constantin Lemarchand.

Au nombre des otages civils qui ont pu également être délivrés par les troupes versaillaises se trouvent M. Chevillot, proviseur du lycée de Vanves, M. Rabut, commissaire de police à la Bourse, M. Dereste, ancien officier de paix, M. Chaulien, employé à la Préfecture de police et M. Eyrard, sergent-major au 106me bataillon.

Il nous faut malheureusement, d'un autre côté, ajouter à notre martyrologe : M. l'abbé

---

(1) M. Méhudin, fut placé par les insurgés sur le haut d'une barricade et resta pendant quatre heures exposé à la mitraille de l'armée versaillaise !... Le Bon Dieu permit qu'il ne reçut aucune blessure !

Bécourt, curé de Notre-Dame-de-Bonne-Nou-
velle, M. Sabatier, vicaire de Notre-Dame-de-
Lorette, et quatre prêtres de la congrégation
de Picpus : le Prieur, R. P. Ladislas Radigue,
le procureur, P. Taffier, ainsi que les PP.
Marcellin Rouchouze et Frézal-Tardieu.